Bitcoin

— — — — — ⊰⊱⊰⊱ — — — — —

Una Guía Completa para Conocer y Comenzar con la Criptomoneda más Grande del Mundo

Mark Smith

veraz de los hechos y, por lo tanto, cualquier descuido, uso correcto o incorrecto de la información en cuestión por parte del lector será su responsabilidad, y cualquier acción resultante estará bajo su jurisdicción. Bajo ninguna circunstancia el editor o el autor original de este trabajo podrán ser responsables de cualquier adversidad o daño que pueda recaer sobre el lector luego de seguir la información aquí descrita.

Además, la información contenida en las páginas siguientes solo tiene fines informativos, y por lo tanto, debe considerarse de carácter universal. Como corresponde a su naturaleza, el material se presenta sin garantía con respecto a su validez o calidad provisional. Las marcas registradas encontradas en este texto son mencionadas sin consentimiento escrito y, bajo ningún motivo, puede considerarse como algún tipo de promoción por parte del titular de la marca.

Tabla de Contenido

Introducción

Felicidades por haber descargado tu propia copia de *Bitcoin*, ¡y gracias por hacerlo!

Los siguientes capítulos tratarán sobre la famosa criptomoneda conocida como Bitcoin. Con este libro aprenderás cómo usar el Bitcoin y cómo invertir en él. Cuando hayas terminado de leerlo, tendrás una idea clara y original sobre cómo hacer dinero con Bitcoin.

Invertir en una criptomoneda como el Bitcoin no es algo fácil, pero con este libro vas a poder lograrlo.

Recuerda que siempre hay algo nuevo que aprender sobre las criptomonedas, por lo que siempre debes mantenerte informado, seguir leyendo y aprendiendo sobre este mundo de las monedas digitales.

Existen muchos libros disponibles en el mercado sobre este tema, ¡así que gracias nuevamente por elegir este libro en particular! Se hizo todo lo posible para garantizar que esté repleto de tanta información útil como fue posible. ¡Por favor, disfrútalo!

Capítulo 1:
Conociendo Qué Son las Criptomonedas

Es posible que hayas escuchado términos como criptomonedas, cripto monedas, o criptoactivos: lo único que tienen en común es que todos significan lo mismo. Esto se trata de un intercambio de divisas en donde se controlan las unidades que se crearán con fines de negocio. Las criptomonedas son, como su nombre lo implica, monedas digitales relacionadas con nombres como Ethereum y Bitcoin. La primera moneda digital que funcionó a través de un sistema descentralizado fue el Bitcoin, concebido en el año 2009. Desde el lanzamiento del Bitcoin, otras criptomonedas le han seguido, tales como Altcoins y Ethereum. Los Altcoins se convertirán más adelante en una alternativa a los Bitcoins.

Como fue mencionado, el programa de criptomonedas se planteó bajo un esquema descentralizado, y funcionaría en una blockchain (cadena de bloques) donde cada transacción es ubicada en un bloque. El hecho de que las criptomonedas operen en una blockchain es una señal de que estas no tienen la intención de funcionar como un banco corriente. Esto también hará que sea diferente a los bancos comunes, ya que este tipo de banco opera bajo un sistema centralizado.

Fue en 1998 el Sr. Wei Dai publicó por primera vez un sistema anónimo de efectivo electrónico, el cual recibió el nombre de

"b-money". No mucho después, Nick Szabo escribió un documento donde se introdujo el concepto del "bit gold", que fue publicado con la intención de encontrar soluciones para este nuevo sistema antes de su lanzamiento. El sistema de monedas se basaría en la prueba de trabajo (*proof-of-work*) del cliente, diseñado para que la evidencia del mismo pudiera ser reutilizada. Finalmente, la colaboración de Hal Finney junto a Dai y Szabo fue lo que permitió la creación del Bitcoin, ¡la tan popular criptomoneda de la que no paramos de escuchar hoy en día!

Nakamoto fue el fundador y creador del Bitcoin, y fue él quien empleó el sistema criptográfico para que funcionase en coordinación con la prueba de trabajo. Namecoin fue creada para intentar cooperar con un DNS (Sistema de nombres de dominio) de manera que funcionase por medio de un sistema descentralizado. Sin embargo, al hacer esto, se incrementó la censura y bloqueos por internet. Pero no tomó mucho tiempo para que Namecoin fuera lanzada y distribuida como una moneda digital separada del Bitcoin. Este tipo de criptomonedas terminó usando un *script* (archivo de órdenes) para poder operar correctamente. Y aún así, otro tipo de moneda híbrida hizo aparición bajo el nombre de Peercoin.

Aunque varias plataformas se han desarrollado por medio del sistema descentralizado, esto no significa que son exitosas, y esta es la verdadera razón por la cual apenas llegas a escuchar de ellas en la actualidad.

En Agosto del 2014, el Reino Unido declaró que planeaban estudiar cómo las criptomonedas tuvieron un efecto sobre la economía, para ver si sería más ventajoso emplear las criptomonedas. Con el estudio, se demostraron las ventajas de las criptomonedas, al igual que se permitió su uso dentro de algunas tiendas y restaurantes dentro del Reino Unido. Sin embargo, las criptomonedas aún no son aceptadas en todas partes.

Fue en ese año cuando la segunda generación de plataformas para criptomonedas fue lanzada. Algunas de estas plataformas fueron Ethereum, NTX, y Monero. Estas plataformas ofrecieron operaciones y transacciones avanzadas donde los clientes podrían usar contratos inteligentes (*"smart contracts"*) y direcciones secretas (*"stealth adresses"*).

Las criptomonedas también han representado una amenaza para el precio del crédito en las instituciones financieras tradicionales. Cada vez se realizan más transacciones con criptomonedas, y se evidencia con rapidez que los clientes de bancos tradicionales están perdiendo confianza en las monedas fiduciarias. Esto implica más problemas para las instituciones financieras en lo que respecta a la recopilación de datos para buscar y descubrir qué está sucediendo en la economía. Estos datos luego son entregados a las instituciones gubernamentales para que ellos puedan tomar el enfoque y dirección deseado sobre la economía de los países.

Un alto funcionario bancario dijo: "el uso generalizado de las criptomonedas hace que sea más difícil para las agencias de estadísticas poder recopilar los datos económicos necesarios".

En Febrero del 2014 se lanzó el primer cajero automático de Bitcoins bajo la supervisión de Jordan Kelley, el creador de la criptomoneda Robocoin. Este cajero automático se encuentra en Austin, Texas, y funciona como cualquier otro cajero automático del banco, excepto que sus escáneres leerán algún tipo de identificación gubernamental con la cual se verifica la identidad del cliente. Este cajero le permitirá al usuario tener acceso a las criptomonedas que se encuentren depositadas en su cuenta, una vez que su identidad haya sido verificada.

Capítulo 2:
Bitcoin - La Primera Criptomoneda

Al usar un blockchain, se crean registros públicos que pasan a convertirse en la base para la creación de un bloque nuevo. Sin embargo, la mejor solución no será forzar una autoridad central dentro del sistema en la que se debe confiar para que tome las decisiones correctas, ya que este tipo de decisiones no siempre pueden ser tomadas correctamente por ese tipo de autoridad. Cuando se trata del mantenimiento de la cadena de bloques, este se llevará a cabo en la red por medio de un software que ese blockchain ejecutará regularmente. En otras palabras, una persona física no estará encargada de la ejecución de la blockchain, lo que significa que los errores humanos se reducen drásticamente.

Existen redes que serán utilizadas al momento de validar todas las transacciones y negocios que se realicen, para que luego sean añadidas al libro mayor después de que el nodo sea identificado debidamente por el sistema como disponible para trasmisión cuando se finalice la consulta. Con la verificación adecuada, el Bitcoin toma los datos y los distribuye al lugar que deben ocupar dentro de la base de datos de la blockchain. Por lo tanto, cada nodo utilizado significa la creación de una nueva cadena en la blockchain por cada transacción que un minero complete.

Un nuevo bloque será creado seis veces por cada transacción, tan pronto sea aceptada y verificada dentro de la blockchain. El software de Bitcoin ayudará a descubrir la cantidad que se debe al minero, de manera que dicha cantidad no sea enviada más de una vez, a menos que esa sea la intención. Esta es otra forma de asegurarse de que la blockchain no pase nada por alto.

Los libros mayores de la blockchain examinarán los datos que ya se han registrado para las transferencias, y luego serán colocados en varias partes diferentes del sistema para que puedan agruparse en base a la moneda o billetes que involucre la transacción y que se encuentran ubicados de manera electrónica en la red. Las criptomonedas serán el único tipo de moneda que no podrá gastarse dentro de un bloque del mismo blockchain.

Cualquiera que utilice la blockchain para minar Bitcoins tendrá que crear un nuevo bloque para que pueda mantenerse hasta que la minería se complete, y la recompensa se haya enviado a la persona correcta. Los mineros recibirán premios y comisiones por las transacciones que completen una vez que hayan sido verificados y anexados dentro de un bloque en la blockchain.

Capítulo 3:
Cómo Almacenar Bitcoins

Los monederos (también llamados billeteras electrónicas) de Bitcoin son muy similares a las cuentas de un banco porque en ellos podrás almacenar, recibir, y enviar Bitcoins. Recuerda que, al igual que con una cuenta del banco, necesitarás asegurarte de que la información asociada con tu monedero nunca caiga en manos ajenas, ¡o podrían robarte todas tus monedas!

Hay un montón de monederos electrónicos disponibles para Bitcoins entre los que podrás elegir. Monederos software (o de Escritorio), monederos web, y muchos más. Hay pros y contras sobre cada monedero, y es tu tarea identificar cuál es el mejor monedero para ti y para lo que quieres hacer con tus Bitcoins. No importa cuál monedero escojas, siempre tendrás que cerciorarte de que la información de tu monedero esté segura, como acabamos de mencionar y seguiremos haciéndolo, ¡porque esto es algo de mucha importancia!

Monedero Software (o Monedero de Escritorio)

1. Revisa todas sus opciones. El monedero software es uno de los monederos creados originalmente por Bitcoin. En él, encontrarás un montón de opciones para elegir si consideras utilizar el monedero software. Pero asegúrate de seleccionar uno que te permita tener control total de la seguridad de tu Bitcoin según la

configuración del programa. De no hacerlo así, tendrás dificultades al instalar el programa y tendrás que tomarte la molestia de actualizarlo regularmente.

a. Debido a que la blockchain es una base de datos pública, las transacciones que se realicen a través del servidor no son almacenadas, pero sí serán verificadas por el mismo.

2. El monedero básico de Bitcoin es el monedero original que ha evolucionado y mejorado a medida que Bitcoin lo ha hecho. Hay muchas personas que se decantan por el monedero básico de Bitcoin mientras otras lo detestan, pero así sucede con todos los métodos disponibles. Seleccionar el monedero original es a veces la mejor opción para alguien nuevo. Para descargar este monedero, necesitas entrar en el enlace www.Bitcoin.org y descargar la aplicación o programa del monedero. Una vez que hayas instalado el programa en tu computador, el portafolio del cliente intentará establecer conexión para poder iniciar la descarga de la blockchain en el dispositivo.

a. Necesitarás tener todos los bloques en la cadena antes de poder iniciar y completar cualquier transacción con Bitcoin.

3. Hay otros monederos disponibles para descargar si no deseas utilizar el monedero básico de Bitcoin. Cada monedero tiene ventajas y desventajas que determinarán cómo funcionará el monedero no solo en tu computador, sino también dentro de la blockchain. Por ejemplo, algunos monederos estarán solo

disponibles para computadores Mac y tendrá una aplicación disponible en la App Store que permitirá vincular el monedero, dando acceso al monedero y otros servicios de Bitcoin desde el teléfono móvil y el computador a la vez. El monedero Armory es un monedero que se enfoca en la seguridad más que en otras funciones que otros monederos pudiesen tener.

    a. Cada monedero tiene su propio proceso de instalación.

    b. El monedero Hive es un monedero diseñado para principiantes. Por lo tanto, quizás sea recomendable que comiences con este monedero y pases a uno diferente una vez que te hayas acostumbrado a usar Bitcoin.

4. Un monedero *lightweight* (monedero ligero) no ocupará mucho espacio en el disco duro de tu computador, como la mayoría de los monederos hará. Estos monederos compactos también trabajarán más rápido ya que no necesitan descargar todo la blockchain. Si quieres usar un monedero *lightweight*, quizás deberías considerar monederos como Electrum o MultiBit.

    a. Debes tener en cuenta el hecho de que los monederos compactos no serán tan seguros como los monederos que descarguen todo la blockchain. Por lo que, si no quieres perder todos tus Bitcoins, es mejor mantenerse alejado de este tipo de monederos a menos que no tengas suficiente espacio en el disco duro, y esta sea la única forma de obtener un portafolio de inversión para tu Bitcoin.

Monedero Web

1. Debes estar seguro de que comprendes cómo funcionan los monederos web antes de optar por este método para almacenar tus Bitcoins. Un monedero web creará una llave privada vinculada con tu monedero y la colocará en un servidor que estará vigilado por un grupo de administradores. Algunos monederos web te permitirán vincular tu cuenta a un dispositivo móvil al igual que con monederos software para que todos puedan manejarse desde el mismo lugar. Este monedero te dará acceso desde cualquier lugar siempre y cuando tengas acceso a internet, por esta razón es que los monederos web son tan populares. El sitio web administrará tu llave pública y privada, lo cual puede presentar un riesgo enorme, ya que podrían robar los Bitcoins sin tu conocimiento.

   a. Muchos monederos web tienen violaciones de la seguridad; por lo que necesitarás investigar a profundidad este tipo de monederos antes de elegir usarlos, o de lo contrario vas a perder unas monedas sin oportunidad de recuperarlas.

2. Cuando selecciones tu monedero web, muchos asegurarán estar enfocados en mantener una seguridad estricta para el beneficio de sus clientes, de manera que puedan atraer a más personas. Algunos monederos que puedes considerar son: Circle, Coinbase, y Xapo.

    a. Coinbase te permitirá acceder a tus Bitcoins desde cualquier parte del mundo, además de proporcionarte ofertas que solo podrán usarse desde el monedero de Coinbase. También abren un canal de transacciones entre los Estados Unidos y Europa.

    b. Xapo es un monedero más simple que es más accesible para el cliente y ofrece un tipo de seguridad extra conocida como "almacenamiento en frío".

    c. El monedero Circle permitirá a los ciudadanos estadounidenses vincular las cuentas de sus bancos con los monederos web para depositar su dinero directamente. En cuanto a los clientes de otros países, solo tienen la opción de utilizar tarjetas de crédito o débito.

3. Quizás tu mejor opción sea un monedero anónimo. El mundo del Bitcoin llegará a un punto donde puedes permanecer completamente anónimo, lo que significa que nadie sabrá quién eres. Habrán algunos monederos que ofrecen menos seguridad y ningún tipo de protección. Un monedero Dark (monedero oscuro) es una extensión para el navegador Google Chrome, y es uno de los monederos anónimos más populares. Los servidores cambiarán una y otra vez para ofrecer la estabilidad que necesites para tus Bitcoins, pero el servidor también será muy vulnerable y es susceptible a ataques cibernéticos por hackers en cualquier momento.

    a. Existen algunos monederos anónimos que tienen funciones para ofrecer retiros de efectivo más rápidos que otros monederos.

Monedero Hardware

1. Debes tomar en consideración el uso de un monedero hardware cuando abras un portafolio para Bitcoin. Si eres muy cuidadoso con tus inversiones y tu dinero, entonces tu mejor opción es utilizar un monedero hardware. Un monedero hardware va a ser un dispositivo físico que tendrá una clave privada y funcionará electrónicamente, además de facilitar pagos como cualquier otro monedero podría hacer. Estos monederos pueden ser llevados físicamente y no requieren confiar en un tercero para almacenar tus Bitcoins.

    a. Un monedero hardware es inmune a cualquier tipo de virus, como un virus troyano que podría robar tu información de inicio de sesión y detalles de tu tarjeta de crédito, o incluso tu cuenta bancaria en línea.

2. Cuando adquieres un monedero hardware, hay una gran cantidad de monederos diferentes para elegir. Son diferentes en cuanto a calidad y rango de precios.

    a. Un monedero Pi utiliza un método de almacenamiento en frío y no tiene la capacidad inalámbrica que podrías estar buscando para tu monedero. Este tipo de monedero utiliza el cliente de Armory, igual al del monedero

Armory, para brindar suficiente seguridad y que puedas trabajar sin tener que configurarlo tu mismo. Es bastante fácil de usar para el cliente y lo suficientemente seguro para usar como monedero hardware.

b. Un monedero USB es bastante económico y cada vez es más popular como una opción de portafolio para los usuarios de Bitcoin. Estos dispositivos ayudarán a proteger los datos que coloques en ellos y contendrán un chip de microprocesador que funcionarán de la misma manera que el chip de una tarjeta de crédito. Los monederos USB pueden usarse en diferentes computadores para que el dispositivo siempre pueda conectarse por medio de una conexión segura.

c. Trezor es bastante parecido al monedero Pi, pero va a tener una pequeña pantalla que puedes usar para interactuar con él. El dispositivo utilizará algunas claves privadas generadas por el mismo. Una de sus ventajas es que el monedero Trezor será inmune a los ataques de malware.

3. Siempre debes estar seguro de que el monedero que uses esté encriptado. Hay una gran cantidad de monederos hardware que requieren un código o una contraseña que harán que se encripten cada vez que se accedan a ellos. Si tu dispositivo no requiere de una contraseña para acceder, entonces esto es un factor que debes tomar en cuenta ya que esta contraseña dará más seguridad a tu monedero. Cada monedero hardware

requerirá un protocolo diferente que tendrás que seguir para establecer una conexión encriptada segura.

Capítulo 4:
Minar o No Minar

Cuando se trata del Bitcoin, es muy obvio que necesitas tener monedas en tu cuenta para poder usarlas en bienes y servicios. De igual manera, también vas a querer recibir monedas por lo que estés haciendo.

Es hora de conocer cómo minar Bitcoin en línea, pero la mayoría de las guías y manuales que encontrarás están escritos para personas que tienen un conocimiento mayor que el principiante común. Sin embargo, en este capítulo, aprenderás la manera más fácil de comenzar a minar Bitcoins sin explicaciones complicadas, y así conseguir tus primeras monedas.

Encontrar una plataforma minera de Bitcoin

Antes de que puedas siquiera pensar sobre la minería de Bitcoins, tendrás que entender que esta es un área increíblemente competitiva a la que aspiras entrar. Existe una gran cantidad de mineros que se dedican exclusivamente a la minería de Bitcoin utilizando algunos de los últimos equipos y computadores que pueden encontrar en el mercado, lo que hace que sea más difícil para el usuario promedio poder minar. Por lo tanto, antes de que puedas comenzar a minar, necesitas saber si la minería de Bitcoins es algo que vale la pena para ti o no. Esto no va a ser algo que se pueda saber por medio de un programa ni otro minero podría determinarlo. Se trata de una decisión personal y por eso necesitas estar seguro de que estás haciendo la investigación adecuada.

Hay muchas herramientas disponibles para determinar si vas a tener buenos resultados al minar Bitcoins, como el uso de una calculadora Bitcoin. Tendrás que ingresar la información del minero que deseas comprar y descifrar si hay algún beneficio, o incluso si vas a salir sin ganancias ni pérdidas. Existen algunos mineros cuyo método consiste en invertir mucho dinero para poder minar Bitcoins correctamente.

Una vez que hayas terminado tus cálculos, tendrás que adquirir tu propio minero. Asegúrate de que no has olvidado consultar toda la información sobre el hardware de minería para que puedas encontrar al minero que trabajará mejor para ti.

Recuerda no dejarte engañar por la infinidad de programas llamativos que se ofrecen por descargas para la minería, porque no siempre son los mejores. El mejor siempre será aquel que tenga buenas calificaciones que otros mineros le han dado después de usarlo.

Consigue una monedero Bitcoin

Tal como fue descrito en el capítulo anterior, tener un monedero para Bitcoins es algo esencial. Ya que el Bitcoin es una moneda digital, necesitarás tener un lugar para almacenarlas, y es imposible enviarlas directamente a la cuenta de un banco, por lo que necesitarás un monedero.

Una vez que hayas creado tu portafolio, una dirección para ese monedero te será asignada. Esa dirección será una larga secuencia de letras y números que se considerará la dirección pública. También recibirás una clave privada. Puedes compartir tu dirección pública y así obtener Bitcoins por la minería que realices, o puedes compartirla con otras personas si van a enviarte monedas. Sin embargo, nunca compartas tu clave privada porque con ella alguien más podría tener acceso a tus Bitcoins y no podrás recuperarlos una vez que hayan sido robados.

Puedes incluso considerar el uso de un monedero *self-hosted* (auto-alojado) que contiene un número de instrucciones que debes seguir. También debes asegurarte de guardar una copia del archivo de datos del monedero e imprimir el archivo para que pueda mantenerse a salvo. Esto debe hacerse en caso de que tu computador deje de funcionar y no puedas recuperar los registros. Al hacer esto, puedes contar con un respaldo de tus Bitcoins, algo muy necesario porque una vez que los pierdes, no pueden recuperarse.

Encuentra un grupo de minería

Tan pronto hayas configurado tu monedero, el siguiente paso será encontrar un grupo de minería al que unirse. Un grupo de minería, como su nombre lo explica, es un grupo de mineros que utilizarán la combinación de su poder de cómputo para intentar generar más Bitcoins. La razón principal por la que no es recomendable minar solo, es que Bitcoin recompensa en bloques a una tasa de 12,5 por vez. Lamentablemente, muchas veces no obtendrás ninguna de las monedas que minas.

Cuando empieces a minar en un grupo, estarás trabajando con un algoritmo más pequeño y que será más fácil de resolver debido a que todos trabajarán al mismo tiempo en un fragmento del algoritmo hasta completar el algoritmo más grande. El Bitcoin generado se extenderá a través del grupo de minería en base a la contribución de cada minero para resolver el algoritmo. Por lo tanto, si eres constante y haces una buena parte del trabajo, entonces podrías recibir una cantidad decente de monedas.

Pero antes de seleccionar un grupo de minería al cual unirte, debes tener ciertas cosas en mente.

1. ¿Es estable el grupo?

2. ¿Cuál es el método para recibir las recompensas?

3. ¿Cuáles son las estadísticas de producción del grupo?

4. ¿Cuál es la tasa para minar y retirar fondos?

5. ¿Es fácil el proceso de retiro?

6. ¿Con qué frecuencia se consigue un bloque?

Cuando estés dando respuesta a estas preguntas, debes analizar todo lo que representa un grupo de minería. Tan pronto finalices el registro al grupo, recibirás un nombre de usuario y una contraseña que puedes usar más adelante para iniciar sesión en el grupo y completar la tarea asignada referente a los algoritmos de ese bloque en particular.

Consigue un programa de minería para tu computador

Una vez que has completado los pasos antes mencionados, estarás casi listo para comenzar a minar; sin embargo, aún falta una cosa. Necesitas conseguir un cliente de minería que pueda ejecutarse en tu computador. A través de él, podrás supervisar y controlar lo que sucede en el equipo para minería que ya tengas preparado. El equipo que hayas adquirido es importante al momento de determinar el programa que necesitas obtener para la minería, ya que es necesario que sea compatible. Habrá algunos grupos que usarán su propio software, y si tienes la intención de unirte a uno de esos grupos, te verás obligado a descargar ese software en particular. Pero no todos los grupos optan por usar propio software, por lo que podría ser una buena idea tener tu propio software en el caso de unirse a un grupo que no lo tiene.

Empezar a minar

Ahora puedes conectar tu equipo minero a una fuente de alimentación y empezar a minar Bitcoins. Debes asegurarte de haber conectado tu minero al computador antes de poder abrir tu software de minería. Sin embargo, después de que se haya cargado todo, debes ingresar el nombre del grupo, la contraseña y tu nombre de usuario para entrar al grupo y comenzar a minar.

Puedes comenzar a ver el trabajo que realizas en la estadística por tareas compartidas del grupo mientras identificas el siguiente bloque. La cantidad de monedas que recibirás por tu parte del trabajo depende del grupo al que te hayas unido, pero recuerda ingresar tu dirección pública correcta en los campos apropiados al momento de registrar la cuenta al grupo, o no recibirás ningún pago.

Capítulo 5:
La Manera Menos Complicada

En todos los casos que estés invirtiendo con Bitcoin, tendrás que conseguir una manera de obtener monedas, como ya hemos explicado en los capítulos anteriores, así puedes usarlas más adelante para comprar lo que desees. Hay al menos cinco maneras distintas en las que podrás obtener Bitcoins.

1. *Minar monedas:* Esta es una opción poco común cuando estás gastando Bitcoins. Esto se debe a que con este método tendrás que resolver ecuaciones matemáticas complejas y mostrar tu prueba de trabajo para que la cadena pueda verificar que cumpliste con el trabajo correctamente.

2. *Negociar monedas:* Existen muchos comercios de intercambio en línea donde podrás comprar y vender monedas. Esta es una de las maneras más populares, porque implica usar la moneda tradicional para obtener una moneda digital. No obstante, este tipo de negocio puede llevarse hasta dos semanas para que el banco verifique la transacción y envíe la prueba de identidad correcta. Cuando esto suceda, tendrás que esperar dos semanas para acceder a tus monedas, y para entonces, es probable que ya hayas olvidado esa compra.

3. *Comprar cara a cara (en persona):* Si quieres conseguir monedas rápidamente, tu mejor opción es hacer una transacción cara a cara. Por supuesto, este método es muy peligroso. Hay muchas historias que se han contado en las noticias sobre personas que fueron robadas después de una reunión de este tipo para adquirir criptomonedas. Considerando que un solo Bitcoin puede costar cientos y hasta miles de dólares en la actualidad, mientras mayor sea la inversión, más dinero tendrás que llevar contigo al momento de hacer la compra en persona para obtener un buen número de monedas. Por lo tanto, si planeas comprar criptomonedas cara a cara, necesitas asegurarte de tomar las mismas precauciones que si fueras a conocer a alguien fuera de Facebook o Craigslist. Considera pautar la reunión en un espacio público y lleva un acompañante, de manera que puedas estar protegido y también proteger a la otra persona.

4. *Transacción cara a cara:* Esta se lleva a cabo cuando un inversor de Bitcoin busca una manera fácil de conseguir monedas. Una transacción es más complicada que una negociación cara a cara. Las transacciones cara a cara son normalmente conocidas como "reuniones del sicómoro" (*buttonwood meetups*), y son similares al tipo de transacción que se llevaba a cabo en la Bolsa de Nueva York.

5. *Cajeros automáticos:* Un cajero automático será el método más seguro para obtener Bitcoins. Es muy importante saber que el cajero de Bitcoin cobrará una comisión del 5% por cada transacción y te permitirá

hacer transacciones de miles de dólares si tienes el dinero para completarlas.

Capítulo 6:
Cómo Mantener tus Bitcoins Seguros

Cuando se trata de Bitcoin, la seguridad es un tema de suma importancia y algo que siempre debes tener en mente antes de usar Bitcoin.

El sistema bancario es como un jardín al que se le ha puesto una cerca. Lo único que le puede pasar a tu dinero es que lo uses todos los días. Tu banco será responsable de asegurarse de que el dinero esté seguro siempre que lo deposites dentro de la institución. Y en el caso de que algo salga mal, el banco tendrá un número al que podrás contactar para solucionar el problema o para que se inicie un contracargo. No tendrás que preocuparte por ningún procedimiento especial o respaldos cuando se trata de cómo se manejará tu dinero. Lo único que por lo que tendrás que preocuparte es gastar el dinero en lo que necesites.

Pero este proceso es muy diferente cuando se trata de usar Bitcoin. El mayor problema que enfrenta gran parte de los consumidores es no estar acostumbrados al inmenso cambio que representa ser el único responsable de su dinero. Esto conlleva a que las personas pierdan grandes cantidades de dinero involuntariamente. En muchos casos, esto sucede debido a errores simples que no serás capaz de reconocer hasta que suceden. Además, no hay nadie a quien acudir cuando cometes este tipo de error para buscar solucionarlo. Cuando entras al mundo del Bitcoin, significa que ahora eres tu propio banco, y depende de ti velar por la seguridad de tus Bitcoins.

Reglas básicas

No es difícil buscar en diarios o noticias locales y encontrar alguna historia sobre cómo alguien perdió sus Bitcoins por un error humano, técnico, o simplemente alguien se los robó. Aún así, existen muchos errores que puedes evitar al seguir algunas reglas básicas para la seguridad de tus Bitcoins.

1. Cuando utilizas cualquier tipo de servicio en línea, tales como transacciones de Bitcoin, necesitarás emplear una autenticación de dos factores. Si no tienes una autenticación de dos factores activa, cualquier persona puede acceder a tu cuenta y robar tus monedas. Lo único que van a necesitar es la contraseña de la cuenta. Lo alarmante es cuán frecuentemente sucede esto. Estos atacantes podrían obtener tu contraseña a través de innumerables métodos y técnicas que utilizan los hackers. A un hacker podría tomarle más de un minuto conseguir tu contraseña, pero lo hará eventualmente. Debes verificar la configuración de administración de la cuenta que utilices y activar la autenticación de dos factores.

   Consejo: cuando estés revisando la configuración de tu cuenta y activando la autenticación, recibirás una llave secreta que estará vinculada a un código QR que podrás escanear con el teléfono por medio del escáner QR. Es recomendable imprimir este código en una hoja de papel de manera que puedas guardarlo en un lugar seguro al que solo tú tengas acceso. Así te asegurarás de ser el único que pueda acceder a la cuenta, incluso si llegas a perder el teléfono.

2. Asegúrate de tener control directo sobre tus Bitcoins. Si aún no tienes una llave privada, entonces aún no tienes control sobre tus monedas. Debido a que las monedas se almacenan en un monedero virtual, ese monedero también tendrá una llave pública y una privada, como hemos explicado anteriormente. Una llave pública es una dirección que puedes compartir con las personas para recibir monedas en tu cuenta. Si no has configurado tu cuenta para recibir las monedas en esa dirección, entonces simplemente no podrás recibirlas y administrarlas. Si esto sucede, las monedas se perderán para siempre.

3. Debes mantener copias de seguridad periódicas de tu monedero. Este es un dato que por lo general no necesita mencionarse, pero algunas personas olvidan hacer un respaldo de su monedero. De cualquier forma, deberías hacer copias de seguridad sobre cualquier información importante con la que estés trabajando, especialmente cuando esos datos manejen dinero. Es una idea muy útil tener una red de seguridad que te permita colocar tus datos en un disco duro en caso de que pierdas tu computador por algún desastre natural o el equipo deje de funcionar. Una vez que tus monedas desaparecen, es para siempre. Nadie más puede acceder a esas monedas; se perderán en un espacio al que nadie tiene acceso.

Consejo: necesitas buscar un monedero determinista jerárquico que te permita realizar una copia de seguridad única. Este respaldo guardará tu información tras un cifrado donde hay de doce a veinticuatro palabras humanas simples (o una frase) que necesitarás anotar y guardar en un lugar seguro para que puedas acceder a ella más tarde. Con esto, no será necesario hacer copias de seguridad constantemente.

Retos de seguridad con Bitcoin

Hay reguladores de bancos que están descubriendo que Bitcoin tendrá algunas pérdidas financieras importantes en cuanto a la estabilidad financiera de sus programas. Algunas de estas responsabilidades incluyen:

1. La distribución del sistema del libro mayor, el cual no tiene ningún tipo de regulación por parte de reguladores financieros. Por ejemplo, existen algunos sistemas que serán más vulnerables al fraude, producto de la colisión entre los participantes de la red.

2. Un incremento en los retrasos de las transacciones. Se calcula que la mayoría de las transacciones se tomará alrededor de cuarenta y tres (43) minutos en completarse.

3. Hay una gran preocupación de que el Bitcoin pueda convertirse en una moneda utilizada por los terroristas y cibercriminales, lo cual podría motivar acciones gubernamentales para su futuro cierre.

También existen transacciones que nunca se llevan a cabo en su totalidad, lo que ocasiona que permanezcan sin verificación para siempre.

Capítulo 7:
Técnicas Apropiadas para el Bitcoin

El Bitcoin es conocido como la primera moneda digital que acabó con el rol del intermediario, y también encontró una manera de evadir los bancos y sus procesos de pagos. Bitcoin es un mercado descentralizado que se extenderá por todo el mundo hasta llegar virtualmente a todas las personas. Lo único que un consumidor necesita para acceder al Bitcoin es una conexión a Internet estable. Naturalmente, también habrán otras cosas que un consumidor necesitará para poder minar adecuadamente, pero ya se han venido discutiendo en capítulos anteriores y las repasaremos en este capítulo.

1. *Conseguir monedas.* Existen muchas maneras con las que puedes conseguir monedas, y depende de ti cómo quieres obtenerlas. Por ejemplo, podrías comprar monedas si tienes el dinero suficiente para hacerlo; o si eres bueno con las matemáticas, podrías ganar monedas resolviendo ecuaciones matemáticas.

2. *Obtener un monedero Bitcoin.* No es necesario saber cómo funciona un computador de pies a cabeza ni nada sobre programación para comprender la necesidad de obtener una cuenta donde puedas almacenar tus monedas de forma segura. Hay mucho dinero en cada Bitcoin que un tercero no puede controlar, y este es uno

de las más grandes ventajas sobre el uso del Bitcoin. Sin embargo, muchas de las transacciones representarán millones y millones de dólares, y todo ese dinero atraerá a muchos hackers para intentar violar el sistema y robar el dinero de las cuentas. Por lo que, en vez de guardar todo tu dinero bajo el colchón, es más seguro que lleves tus Bitcoins contigo mismo, en lugar de confiar en alguna plataforma. Cualquiera de los monederos listados a continuación no necesita que un tercero tenga ningún tipo de acceso a tus monedas.

a. Monederos Móviles

   i. Jaxx

   ii. Airbitz

   iii. BitPay

   iv. Mycelium

b. Monedero Web

   i. Blockchain.info

c. Monedero Hardware

   i. Ledger

   ii. Trezor

d. Monederos Avanzados

   i. MultiBit

ii. Armory

3. *Conseguir tu propia dirección pública.* Una vez que selecciones el monedero que mejor se ajuste a tus necesidades, será hora de conseguir una dirección pública. Necesitas esperar alrededor de veinte minutos para recibir la confirmación donde se apunta que has completado los pasos correctamente. Después de recibir este correo, verás cómo algunas monedas han sido depositadas en tu monedero.

4. *Compra, regala, dona e invierte cada moneda que tengas en tu posesión.* El cielo es el límite en cuanto a lo que puedes hacer con todas tus monedas.

   a. Regala a un amigo algunas monedas para mostrarle cómo usar Bitcoin.

   b. Invertir con Bitcoin. Existen alrededor de veinte millones de monedas que fueron generadas con la blockchain, y el valor de cada moneda aumentará pronto. Como inversor, tendrás que mantenerte dentro de tu bloque y esperar a que el dinero llegue a ti.

   c. Puedes tomar tus monedas y convertirlas en tarjetas de regalo (*gift cards*) para sitios como Dell u Overstock. En algunas tiendas se aceptarán Bitcoins como pago directo, pero esto dependerá del lugar y país donde vivas, ya que no todas las tiendas se han ajustado al modelo de la moneda digital.

d. Finalmente, puedes donar algunas monedas porque de la misma forma que se pueden usar en una tienda, algunos sitios web te permitirán usar monedas como método de donación para que su sitio continúe funcionando.

Listo, ahora puedes comenzar a usar Bitcoin. Quizás aún no parezca tan simple porque hay muchos pasos que primero debes seguir, pero ahora vas a poder hacerlo.

Tendrás que acostumbrarte al funcionamiento de la plataforma y cómo funcionan las cosas antes de poder aprovechar completamente el uso de Bitcoin. Pero una vez lo hagas, será como cualquier cosa de uso diario. Hay un período de aprendizaje por el que debes pasar, y es probable que cometas algunos errores, pero solo debes asegurarte de superar esos errores antes de que sea demasiado tarde y el resultado sea perder tus Bitcoins. Siempre ten en cuenta los consejos de seguridad antes mencionados.

Una de las mejores cosas que puedes hacer es aprender de los errores de otras personas, así evitarás percances y ahorrarás tiempo.

Capítulo 8:
Hechos Concretos sobre el Bitcoin

En este capítulo del libro se discutirán algunos hechos y datos básicos sobre el Bitcoin. Aquí aprenderás datos interesantes y útiles sobre los inicios del Bitcoin, cómo ha crecido este sistema de moneda digital, y sobre cómo los Bitcoins han sido usados desde su creación.

1. *Ninguna entidad tiene control sobre la moneda:* en el caso del dinero tradicional, el banco tiene control sobre él y su valor aumenta o disminuye según el valor en el mercado, sin mencionar que no puedes tenerlo físicamente. Pero el Bitcoin es un caso diferente, simplemente desafía todo el concepto de la moneda tradicional. Todos los que usan la tecnología de Bitcoin están en control del mismo porque son capaces de validar las actividades de otros mineros en todo el mundo.

2. *Hay un número ilimitado de monedas*: este dato es en realidad falso. Solo porque no es algo impreso físicamente no significa que se genere un número infinito de monedas porque eso devaluaría progresivamente la moneda y ocasionaría que al final perdiese todo su valor. En realidad existen 21.000.000 monedas en la blockchain de Bitcoin.

3. *Los Bitcoins no tienen un valor fijo*: cada vez que consultes el precio del dinero tradicional, notarás que dice explícitamente cuánto es su valor. Excepto que el dinero tiene un valor porque así lo acordamos. A medida que el Bitcoin se convierta en una tecnología más y más popular, más valor tendrá cada Bitcoin.

4. *Todas las transacciones pueden verse*: una de las cosas más originales del Bitcoin es que su proceso es completamente transparente. Lo único que no será transparente es la información personal del minero. Podrás ver todo lo que está dentro de la blockchain de las transacciones que se completen, hasta el monto de cada una. Esto tiene la intención de instaurar un nivel de confianza y seguridad entre los miembros de la comunidad Bitcoin.

5. *Bitcoins:* tienes la posibilidad de minar Bitcoins con solo resolver ecuaciones matemáticas para luego verificar las transacciones en todo el mundo. Conseguirás monedas a cambio de resolver estos problemas y ecuaciones.

6. *Contracargos y pagos:* nadie puede forzarte a pagar con la plataforma de Bitcoin, y una transacción iniciada no puede retirarse. Por lo tanto, si envías Bitcoins a una compañía o empresa, no podrás anular la transacción y ellos no podrán facturar nuevamente.

7. *Enviar dinero:* como notarás, si envías dinero a alguien que se encuentra en otro país, hay algunos cargos y comisiones que se aplican para este tipo de transferencias. Además de eso, es probable que tu

amigo tenga que esperar unos días extra para que el dinero esté disponible. Pero en el caso de Bitcoin, no tienes que pagar ninguna de esas tarifas ni comisiones, y lo más importante, tu amigo puede tener acceso a los fondos al instante.

8. *Perder el monedero:* cuando se pierda un monedero, todos los Bitcoins dentro de él se pierden automáticamente, y sin posibilidad de recuperarlos. Debido a que la blockchain es anónimo, nadie puede hacer un reclamo sobre la autoridad de sus monedas, por lo que cada vez que se pierden Bitcoins, estas monedas salen de circulación permanentemente ya que cada Bitcoin tiene una llave única a la que está vinculado.

9. *Monedero digital*: de la misma manera que puedes iniciar sesión a tu cuenta bancaria en línea y revisar el saldo, puedes entrar a tu monedero digital para consultar tu balance en cualquier momento.

10. *Estudios con Bitcoin:* existen algunas universidades que ya permiten a sus estudiantes cancelar sus matrículas con Bitcoins, incluso si no se encuentran en los Estados Unidos. Países como el Reino Unido y Chipre están haciendo lo mismo y ofrecen una alternativa diferente a sus estudiantes.

11. *Bulevar de Bitcoin*: en los Países Bajos, ya existe un bulevar con un buen número de tiendas donde es posible adquirir productos y servicios usando Bitcoins. También existe un bulevar de este tipo en Ohio, Cleveland.

12. *La primera transacción con Bitcoin*: ya hay registradas 43.472.379 transacciones completadas exitosamente con Bitcoin desde su creación. Pero te puede parecer interesante saber que la primera consulta fue preparada por el mismo creador de la tecnología para Bitcoin, Satoshi Nakamoto, quien finalizó su primera transacción al enviar diez Bitcoins a Hal Finney en enero del 2009.

El Sr. Finney ha sido miembro de la comunidad de criptomonedas por mucho tiempo, y ha trabajado con PGP Corp durante bastantes años ayudando en la creación de uno de los más famosos sistemas de encriptación que puedes encontrar en la actualidad. Hal Finney lanzó uno de los primeros remailers anónimos que fue utilizado para cifrar correos electrónicos, y que ha sido usado como base en el movimiento Cypherpunk.

Hal Finney fue citado alguna vez diciendo:

"Cuando Satoshi anunció el primer lanzamiento del software, lo agarré de inmediato. Creo que fui la primera persona, después de Satoshi, en ejecutar Bitcoin [el cliente]. Miné en el bloque 70 y algo, y fui el destinatario de la primera transacción cuando Satoshi me envió diez monedas como prueba inicial. Tuve conversaciones por correo con Satoshi durante los siguientes días, la mayoría para informarle sobre errores y él buscando solucionarlos.

Unos días después, el Bitcoin [cliente] ya funcionaba con estabilidad, así que lo dejé trabajando. En aquellos tiempos la dificultad era básicamente ninguna, y podías encontrar bloques para minar con solo un CPU, ni siquiera se necesitaba un GPU. Miné varios bloques en los días siguientes. Pero luego lo apagué porque mi computador se estaba recalentando y el sonido constante del ventilador ya me molestaba. Mirando atrás, desearía haberlo dejado encendido por más tiempo, pero por otro lado, me sentí muy afortunado por haber estado allí, desde el principio. Es una de esas cosas que depende de cómo la mires: con el vaso medio lleno o medio vacío."

13. *La pizza del millón de dólares con Bitcoin:* en mayo del 2010, un minero de Bitcoins llamado Laszlo Hanyecz utilizó 10.000 BTC para pagar por dos pizzas, que solo tienen un valor de alrededor de treinta dólares.

Capítulo 9:
Haciendo del Bitcoin Algo Más Fácil de Usar

Como ya habrás notado, Bitcoin será una plataforma bastante difícil de comprender y manejar. Vas a tener que probar muchas alternativas y armarte de mucha paciencia para poder encontrar el grupo de minería adecuado y el monedero que te dará todo lo que estás buscando. Si no encuentras el monedero ni el grupo apropiado para todo lo que buscas y necesitas, entonces es mejor esperar un poco más e investigar hasta estar seguro al momento de elegir lo que más se ajuste a tus necesidades.

Cuando se trata de comprar o conseguir monedas, debes recordar no sobrepasar tus límites ni tus medios, incluso si eso representa tener que hacer compra y minería a la vez.

En este capítulo discutiremos algunas de las tantas cosas disponibles para ayudarte a simplificar un poco el uso de Bitcoin. ¡El propósito de estos trucos y consejos es hacer que el Bitcoin sea algo más fácil de usar para ti!

1. *Tener dos monederos separados*. No es necesario tener todas las monedas en el mismo monedero para poder usarlas. Tener una parte en un monedero para tus ahorros, y la otra en un monedero para todas tus transacciones es algo más sencillo y que proporciona

más protección contra los hackers. Lo mejor de Bitcoin es que no hay un límite de cuantos monederos puedes tener en tu poder. Para los hackers, no es una tarea difícil seguir los registros de las transacciones y descubrir qué monederos pertenecen a quién, pero sí será difícil que puedan hackear estos monederos y robar las monedas. También tienes la opción de distribuirlas en varios monederos y así no perderlas todas a la vez.

2. *Tus ahorros y monederos web pueden ser hackeados y se llevarán todas tus monedas, dejando las cuentas vacías.* Ya que no hay ninguna manera de demostrar que las monedas son realmente tuyas, significa que nunca podrás recuperarlas. Un monedero web, aunque es muy conveniente, debe usarse como una cuenta corriente. En otras palabras, necesitas tener un monedero web si planeas gastar tus monedas más temprano que tarde. Mientras más rápido las gastes, menos posibilidades habrá de que los hackers puedan llevárselas. Recuerda que el Bitcoin no funcionará como una tarjeta de crédito.

3. *Protege tu privacidad.* La llave privada que recibes será como un número PIN para el monedero, y nadie compartiría voluntariamente este número, entonces ¿por qué le darías alguien tu llave privada?

4. *El almacenamiento en frío es útil al punto de que no importa si almacenas tus monedas en un monedero o no.* Sin importar dónde guardes tus monedas, siempre estarán susceptibles a cualquier ataque. Las aplicaciones de monederos para Bitcoin guardarán los

datos en lugares que son tanto predecibles como vulnerables. Hay ataques que han sido reportados por consumidores de Bitcoin, y la mejor solución que vas a encontrar en línea es mantener tu llave privada a salvo y guardarla en un lugar fuera del internet. Cuando guardes tu llave desconectado del internet, se salvará como un código QR, y tendrás la oportunidad de imprimirlo en una hoja de papel o transferirlo a una memoria USB.

Cada vez que desees transferir Bitcoins de un monedero que has listado como 'sin conexión' para poder transferirlas a otro lado, tendrás que tener ese código a mano y escanearlo antes de ingresar la llave en los campos necesarios. Como una medida de seguridad extra, es recomendable cifrar la llave privada en caso de que un hacker llegue a tenerla. Solo debes asegurarte de nunca olvidar la contraseña del cifrado o todo se habrá perdido.

Capítulo 10:
Aprender de los Demás

Como se explicó antes, si conoces algunos de los errores que otras personas han cometido, podrás aprender de su experiencia y no tendrás que vivir la misma angustia y frustración de perder todas tus monedas.

Puede que ni siquiera pienses hacer algunos de estos errores que otros han cometido; no obstante, siempre es mejor conocerlos para que puedas evitarlos. Es algo difícil aprender de los errores que otros han cometido, pero es mejor estar al tanto de lo que sucedió a los demás en lugar de entrar a ciegas al mundo de los Bitcoins.

1. *Monederos para intercambio:* crear un monedero desde plataformas de intercambio es uno de los peores errores que puedes cometer en lo que respecta a transacciones de Bitcoins. Cuando seleccionas un servicio de terceros para almacenar tus monedas, te estás exponiendo a ataques de todo tipo y desde diferentes direcciones. Esto se debe a que cuando la plataforma de intercambio es hackeada o hace algo fraudulento, entonces no tendrás la opción de reclamar por tus monedas ni podrás recuperarlas. Por esta razón es mejor tener tu propio monedero de Bitcoin donde podrás recibir todas las monedas que consigas, o de lo

contrario podrías encontrarte con muchos problemas en el camino.

2. *Cambios de precio:* Debes recordar que los Bitcoins siguen siendo un tipo de moneda, incluso si están en el mundo digital, lo que significa que son de carácter volátil. Es muy normal ver cómo el precio del Bitcoin puede variar cientos de dólares en un solo día. Esto también es un indicativo de que no debes preocuparte si el precio baja. Tienes que pensar en las inversiones a largo plazo. El precio puede subir y bajar, pero la plataforma en sí siempre seguirá creciendo. Sin embargo, después de completar algunas transacciones, ya te habrás acostumbrado a las fluctuaciones de los precios y sabrás que no representa un problema mayor si el precio baja en un momento dado.

3. *Cambios en la moneda*: Existen múltiples criptomonedas con las que podrás invertir, y además, podrás hacer transacciones e intercambiar de una a otra, pero no todas las criptomonedas van a establecerse de la misma forma que el Bitcoin. Incluso el Ethereum no tiene la misma presencia en el mercado como el Bitcoin a pesar de que es una de las más grandes que ha aparecido desde la invención de la criptomoneda. Pero, ya que hay muchas criptomonedas disponibles, es posible que te sientas inclinado a probar de una a otra. Esto no es recomendable, porque esta es una manera de perder tus inversiones. La mejor opción es elegir una moneda e invertir solo en ella. Por supuesto, eso no significa que no puedas tener una cuenta para minar Bitcoins y otra para Ethereum. Sin

embargo, vas a querer hacer la menor cantidad posible de intercambios de una a otra.

4. *Educación:* ¡Nunca se sabe demasiado! Debes seguir buscando información sobre el Bitcoin porque es una plataforma en constante evolución. Siempre habrán nuevos consejos y datos sobre la plataforma que facilitarán su uso a largo plazo, de igual manera que habrá información falsa subida por personas con la intención de crear confusión y hacer que pierdas tus monedas. Aunque es fácil detectar este tipo de información, siempre hay alguien que cae en la trampa. Por lo tanto, si en algún momento tienes dudas sobre el siguiente paso a tomar y no estás seguro de si la información que lees es cierta o no, entonces es mejor comunicarte con algún experto en Bitcoin y consultar su opinión. O también puedes consultar un foro sobre Bitcoin y encontrar la respuesta por ti mismo.

Capítulo 11:
Las Estafas están en Todas Partes

Teniendo en cuenta la popularidad del Bitcoin, es algo muy fácil y común que las personas elaboren estafas y fraudes dirigidos a los consumidores para intentar robar el dinero de los usuarios de Bitcoin. No obstante, hay algunas estafas más peligrosas de las que debes cuidarte si no quieres convertirte en la siguiente víctima. Cuanto más conocimiento poseas sobre las estafas con las que te puedes encontrar, más preparado estarás para enfrentarlas.

1. *Esquemas Ponzi e inversiones muy rentables:* este tipo de estafas están hechas con la intención de atraer personas con la promesa de altas tasas de interés en los depósitos que realicen. Cualquier persona que invierte recibe un pago por cada inversor nuevo que se registra, y tan pronto dejen de unirse, los pagos dejan de realizarse y el esquema se viene abajo, dejando solo deudas y pérdidas. Estas estafas solo duran unos meses si tienen suerte, pero la gente tras ellas vuelve a repetir el proceso, incluso si es más adelante en el futuro.

2. *Estafas de inversión en minería*: una estafa de minería involucra la verificación de las transacciones para asegurar que hay algún tipo de seguridad para aquellos que usan el libro mayor público. Este tipo de proceso involucra pagar un pedido por adelantado de un equipo

de minería, pero que nunca vas a recibir. En este tipo de estafas se usa un computador caro y poderoso para mantener un seguimiento de todos los "pedidos" que se realizan.

3. *Estafas de monedero*: como se ha venido discutiendo en diferentes capítulos, un monedero requiere de algún tipo de software que te permitirá almacenar tus monedas. Las estafas de monedero normalmente sugieren a los consumidores que pueden hacer transacciones con mucho más anonimato. Para esto, debes transferir una cantidad de monedas en este monedero nuevo, y el estafador robará esas monedas y las transferirá a su propio monedero, y nunca podrás recuperarlas.

4. *Estafas por intercambio:* en este tipo de estafa, el estafador intenta atraer al consumidor ofreciendo una tasa de procesamiento de tarjetas de crédito que es mucho mejor y más rápida que la de los competidores. El intercambio solo se llevará a cabo de un lado, donde enviarás tus monedas pero no recibirás nada a cambio.

5. *Estafas de phishing:* en estas, las estafas comienzan al recibir un correo electrónico notificándote que acabas de ganar Bitcoins. Una vez que hagas clic en el correo, te pedirá ingresar la información de tu monedero y en lugar de recibir las monedas que esperas, estarás enviando tus monedas a la persona que envió la estafa.

Cómo evitar las estafas

Es muy recomendable que estés seguro de la información que posees sobre las empresas que manejan Bitcoins. Deben ser empresas completamente transparentes sobre lo que ofrecen al consumidor. Si hay algo en sus esquemas de negocios o servicios que no puedes saber completamente ni lo que involucra su proceso, lo más probable es se trate de una compañía fraudulenta y debes mantenerte alejado de ella.

Siempre podrás encontrar auditorías públicas que te ayudarán a aclarar cualquier duda cuando se trata de garantizar que una empresa cumpla con todo lo que tienen para ofrecer. Se realizará una prueba de auditoría a las reservas para que una empresa se vea obligada a revelar públicamente sus Bitcoins en posesión (*holdings*).

Cuando tengas dudas, recuerda el viejo refrán: "si parece demasiado bueno para ser cierto, seguramente lo es". Cuando se trata de Bitcoins, debes asumir que se trata de dinero en efectivo, y en cierta manera lo es. Protégelo y mantenlo a salvo para que otros no puedan robarlo.

Capítulo 12:
Aclarando los Hechos

Teniendo en cuenta que la mayoría de las personas no entienden el Bitcoin en su totalidad, este nivel de desinformación trae consigo muchos mitos en un intento por comprender esta moneda digital. Sin embargo, con todas estas historias falsas y rumores, no solo es difícil para ti saber cuál es la verdad, sino que también puede crear temor al punto de que tratarás de alejarte del Bitcoin.

No obstante, este capítulo explicará algunos de los mitos más comunes que escucharás sobre Bitcoin. Debes saber toda la verdad sobre el Bitcoin o no vas a poder utilizarlo de manera efectiva. ¡Una vez que comprendas la verdad, esta plataforma de blockchain será más fácil de entender y de usar!

1. *No hay nada especial sobre el Bitcoin, simplemente es igual a cualquier otra criptomoneda que encontrarás en línea.*

   Habiendo dicho esto, eso significa que el Bitcoin va a:

   a. Ser impreso a voluntad del consumidor.

   b. Las reglas arbitrarias podrán ser impuestas sobre los consumidores a través de controladores.

c. Si el punto central es atacado, puede ser destruido.

Pero como el Bitcoin es un sistema descentralizado, puede solucionar todos estos problemas.

2. *El Bitcoin no puede solventar los problemas que el dinero fiduciario y el oro no pueden resolver.*

   Aunque el oro es genial, el Bitcoin va a ser:

   a. Fácil de granular

   b. Fácil de transferir.

   c. Fácil de verificar

   d. Y puede mantenerse seguro con la misma facilidad.

Las monedas fiduciarias también tendrán una diferencia significativa al Bitcoin, al igual que en cómo se originan:

   a. No está basado en deudas

   b. Predecible, aunque con un suministro limitado

   c. No puede ser controlado por una autoridad o figura central

Y ya que se trata de un sistema fiduciario electrónico, los Bitcoins demostrarán que pueden ser:

   a. Más económicos al ser transferidos.

b. Permanecerán anónimos para los consumidores

c. Rápidos en tiempos de transferencia

d. Y no se congelarán

3. *Varias entidades podrán hacer cambios a las funciones y características del Bitcoin para beneficiarse a sí mimas.*

Mientras la economía del Bitcoin permanezca dentro de un modelo de monederos bajo nodos, entonces estas funciones no podrán ser modificadas. Las transacciones son permanentes y no podrán ser prohibidas mientras un grupo de mineros tenga más del 50% del hash, y todas las transacciones tengan el número correcto de confirmaciones.

El Bitcoin necesita que algunas de sus principios permanezcan para continuar siendo una buena alternativa a las monedas convencionales, tales como:

a. No se pueden violar ninguna de las reglas establecidas para asegurarse de que el sistema funcione correctamente.

b. El dinero no puede crearse de la nada.

c. La misma moneda no puede gastarse dos veces.

d. Las monedas no pueden usarse para pagos sin la llave privada del consumidor.

Estas cuatro reglas son lo que definen la naturaleza del Bitcoin. El software de nodo es lo que confirmará que estas reglas del Bitcoin se apliquen como debería ser. Si una transacción rompe alguna de estas leyes, entonces no ha sido llevado a cabo dentro de la blockchain, por lo que termina siendo rechazada y no se finaliza.

4. *Hay un poder de procesamiento que respalda al Bitcoin.*

Pensar que no existe ningún poder de procesamiento detrás del Bitcoin es una mentira. La moneda se respalda cada vez que se vincula a algo más dentro de una parte central y con una tasa individual de intercambio, pero no es posible usar Bitcoins e intercambiarlos por la potencia informática que se usa en la creación (minado) de estas monedas. Debes pensar en el Bitcoin como si fuese oro: este mineral tampoco está respaldado por nada. La moneda del Bitcoin se genera a través del poder del procesamiento, y su integridad estará protegida por una red que ya existe en la plataforma.

5. *Los Bitcoins son inútiles porque no están respaldados por nada.*

El razonamiento de algunas personas es, por ejemplo, que nada respalda el valor del oro. Pero las características innatas del Bitcoin garantizan que a través del sistema las personas puedan asignar un valor subjetivo a las monedas. La valoración del Bitcoin estará demostrada por un individuo que es libre de intercambiar o hacer transacciones por o con Bitcoins.

6. *El valor del Bitcoin estará basado en el gasto eléctrico y el poder de procesamiento del computador usado en el proceso de minería.*

Este tipo de afirmación siempre será aplicada al momento de teorizar sobre el valor de la moneda. La mayoría del tiempo, esta teoría se aceptará como falsa. Solo porque un conjunto de Bitcoins se lleve muchos recursos para poder generarse no significa que ese sea el valor real de las monedas. Pueden valer mucho menos o mucho más, según la utilidad que los consumidores le den.

Con más razón vemos que la causalidad terminará funcionando a la inversa según lo que esta teoría explica. El costo de minar Bitcoins dependerá del precio de la moneda. Si su valor sube en el mercado, entonces más personas desearán minarlas, lo que hará más difícil poder hacerlo y, como resultado, el costo de minar también incrementará. Lo opuesto ocurrirá cuando el valor de las monedas baje. Esta correlación termina por equilibrar el efecto que la minería puede causar de manera que el valor siempre será proporcional al valor de la moneda.

7. *El Bitcoin no tiene valor intrínseco.*

Lamentablemente, esto no se completamente cierto ni falso. Cada Bitcoin permitirá a su propietario la capacidad de insertar cantidades grandes en transacciones cortas, que sucederán en un nivel de distribución global y cuya fecha y hora estarán registradas permanentemente dentro de los datos almacenados, como sucede en la blockchain. Ningún tipo de dato almacenado será parecido al registrado sobre tu transacción. Pero sí habrá una especie de intercambio entre el número de mensajes que se crean con cada transacción, y qué tan rápido son insertados al blockchain. En diciembre del 2013, era algo válido afirmar que un solo Bitcoin implicaría alrededor de mil mensajes que serían insertados a la plataforma y tomaría alrededor de diez minutos después de iniciar la transacción. Por esta razón, una tarifa de 0,001 BTC era suficiente para que la transacción fuera verificada. El mensaje que se insertaba tendría un valor intrínseco que se usaría para comprobar la propiedad del documento dentro de la transacción. En todos los casos que observes servicios electrónicos de autenticados bajo notaría, se cobran diez dólares por registro, lo que resulta en un valor intrínseco de 10.000 dólares por cada Bitcoin.

También encontrarás otros productos tangibles con un valor intrínseco, y ese valor generalmente será menor que el precio comercial. Tomemos nuevamente el oro como ejemplo. Si no es usado como prueba de inflación en reservas de valor, sino que solo se usa para fines industriales, entonces nunca alcanzará el mismo valor que tiene hoy en día, ya que los requisitos industriales para esa pieza de oro serán más pequeños que el suministro que está actualmente disponible.

Sin importar el evento que esté sucediendo en la actualidad, desde un punto histórico, el valor intrínseco y otros atributos se usarán para ayudar a establecer los productos básicos como medios para el comercio, pero no será un requisito previo obligatorio. En este sentido, los Bitcoins carecen de valor intrínseco, pero lo compensarán al poseer otras cualidades necesarias para que sea un buen medio para el comercio.

8. *El Bitcoin no es una moneda de curso legal. Por lo tanto, su uso es ilícito.*

En marzo de 2013, la Red de Control de Delitos Financieros de los Estados Unidos (FinCEN) estableció algunas pautas nuevas enfocadas en la moneda virtual descentralizada, específicamente el Bitcoin. Bajo estas nuevas pautas, "un consumidor de moneda virtual no es una Negocios de Servicios Monetarios bajo las regulaciones de FinCEN y por lo tanto no está sujeto a las reglamentaciones de registro, reporte y mantenimiento de registros del NSM (MSB, en inglés)". Por lo que cuando un minero extrae monedas para uso personal, no tiene la necesidad de registrarse como un MSB.

Por lo general, siempre habrá muchas monedas que no contarán con el respaldo del gobierno. Cuando lo piensas detenidamente, las monedas no son más que una unidad de cuenta. Habrá leyes nacionales que serán diferentes de país a país, y es necesario saber qué dice la jurisdicción de tu país sobre el comercio de mercancías como la moneda digital.

9. *El Bitcoin causará terrorismo nacional debido a que solamente afectará la estabilidad económica de los EE.UU. y su moneda tradicional.*

Cuando revisas cómo definen los Estados Unidos al terrorismo, lo primero que notarás es que debes cometer actos violentos con propósitos ilícitos para ser considerado un terrorista. Ya que el Bitcoin no es algo nacional ni doméstico para ningún país, ya que está disponible para una comunidad en todo el mundo, nunca será algo ilícito. Además, no lo usarás para actividades ilegales, por lo que no hay nada de qué preocuparse. De cualquier forma, los Bitcoins ayudarán a promover la economía porque siempre habrá aquellos que deseen comprar monedas utilizando su propia moneda local (por ejemplo, dólares).

10. *El Bitcoin permitirá a los evasores de impuestos seguir operando fuera de la ley.*

Cuando una transacción de efectivo se completa, tendrá el mismo nivel de anonimidad, pero se pagarán impuestos sobre la misma. Tú eres el único responsable de garantizar que cumples con las leyes de tu país y estado relacionadas con el Bitcoin, o tendrás que enfrentarte a las consecuencias que implican romper esas leyes.

Capítulo 13:
Preguntas Frecuentes Sobre
el Bitcoin

1. ¿Puede utilizarse el Bitcoin para actividades ilícitas?

En vista de que el Bitcoin es dinero, y el dinero ha sido usado para actividades legales e ilegales a lo largo de la historia, entonces técnicamente sí. Sin embargo, las medidas de seguridad del Bitcoin contra el crimen y uso no autorizados del dinero son mucho mejores que las de cualquier banco o tarjeta de crédito. El Bitcoin ha creado sistemas novedosos de pago, y estos sistemas tienen más beneficios que inconvenientes.

El Bitcoin fue diseñado para hacer dinero de una manera más segura y para actuar como una protección contra los delitos financieros. Por ejemplo, los Bitcoins no pueden ser falsificados. El consumidor siempre estará en control total de sus pagos, y nunca habrá algún tipo de cargo al azar que aparece en la cuenta, como sucede con algunas tarjetas de crédito.

Algunas de las grandes preocupaciones son que el Bitcoin pueda ser llamativo para organizaciones criminales y utilizarse en pagos que no solo son privados, sino también irreversibles. No obstante, lo que la mayoría de las personas no sabe es que esas mismas características y desventajas pueden suceder con el dinero en efectivo y las transferencias bancarias. El Bitcoin está sujeto a regulaciones que son muy parecidas a aquellas que ya se aplican en sistemas financieros vigentes.

2. *¿Tiene acaso el Bitcoin la opción de ser regulado?*

El protocolo que sigue Bitcoin nunca podrá ser modificado a menos que todos los consumidores estén de acuerdo para tomar las decisiones. Si algún derecho especial se asigna a una autoridad local para gobernar las reglas de la red del Bitcoin, entonces esto resultaría en una catástrofe para el sistema, porque iría en contra de su sentido práctico original.

Las organizaciones más lucrativas podrían invertir en hardware poderoso para minar, y de esta manera controlar la mitad del poder de cómputo de la red, con lo que lograrían tener poder suficiente para bloquear o revertir cualquier transacción que se haya hecho recientemente. Aún así, no habría garantía de que pudieran mantener este poder ya que se necesitaría algo mayor a lo que representan todos los otros mineros dentro de la blockchain de Bitcoin.

De cualquier forma, la posibilidad de regular el Bitcoin aún existe. El Bitcoin tiene la opción de ser utilizado para un gran número de cosas, y algunas de esas actividades podrían considerarse ilícitas de acuerdo a la ubicación del minero y las leyes que apliquen en esa jurisdicción. El Bitcoin no debe ser visto de ninguna otra forma que no sea como una herramienta, sujeta a regulaciones del área o lugar desde donde sea usada.

Las leyes limitantes pueden hacer que el Bitcoin sea difícil de usar, al igual que entorpece el proceso para determinar el porcentaje de consumidores que planean continuar usando la plataforma. Además, el gobierno puede decidir que pueden prohibir el Bitcoin para prevenir que negocios y empresas domésticas y sus mercados se trasladen a otros países. El mayor reto será crear soluciones que serán efectivas y eficientes, sin perjudicar el crecimiento de los nuevos mercados y negocios que están comenzando a ganar prominencia gracias al Bitcoin.

3. *¿Está el Bitcoin sujeto a impuestos?*

Ya que el Bitcoin no es dinero fiduciario, es posible que no debas pagar ningún impuesto por usarlo. Pero recuerda que hay muchos procesos legales en este momento que podrían imponer impuestos sobre el Bitcoin.

4. *¿Qué es la protección al consumidor de Bitcoin?*

Bitcoin permite a las personas desligarse del banco tradicional y aprender a completar transacciones y negocios por su propia cuenta. Cada consumidor tendrá la opción de enviar y recibir pagos de formas parecidas al dinero en efectivo, pero se harán por medio de contratos que son un poco más complicados que simplemente manejar dinero. Existen un número de firmas necesarias para que la transacción sea aceptada y solo se llevará a cabo si un número en particular de personas permite que la transacción sea firmada. Este sistema permite que se puedan mediar las disputas en caso de presentarse, y que se pueda interceder en transacciones futuras.

Estos servicios también permitirán que terceros aprueben o rechacen las transacciones en el caso de que exista un desacuerdo entre las partes involucradas, pero el tercero no tendrá ningún control sobre el dinero que se encuentra en medio de la disputa. A diferencia del dinero en efectivo y otros métodos de pago, el Bitcoin dejará una prueba pública de que la transacción sí se llevó a cabo, lo que brindará más transparencia en el caso de negocios y empresas que sean expuestas por sus costumbres y métodos fraudulentos.

También debes tener en cuenta que los comerciantes, por lo general, dependen de su reputación pública para poder mantenerse en el negocio y pagar a sus empleados, pero no tendrán acceso a la misma información cuando se trata de negociar con clientes nuevos. El Bitcoin permitirá que individuos y empresas estén protegidos en casos de contracargos fraudulentos, al igual que ofrecer al consumidor la opción de solicitar mayor protección cuando se trata de un comerciante que en particular no sea de confianza.

5. *¿Qué determinará el precio de los Bitcoins?*

El precio siempre estará decidido por la oferta y demanda de Bitcoins. Cada vez que suba el mercado, el precio también lo hará; cuando baje, el Bitcoin también bajará. Siempre habrá un número limitado de Bitcoins en producción, y las nuevas monedas se generarán a un ritmo que no solo es cada vez más lento sino también predecible. Esto significa que la demanda estará dictada por el nivel de inflación para intentar mantener el precio estable. Ya que el Bitcoin aún es un mercado pequeño, no se necesita mucho dinero para mover el mercado de una dirección a otra, razón de que el precio de los Bitcoins siga siendo volátil hasta la fecha.

6. *¿Pueden los Bitcoins perder todo su valor?*

Sí. A lo largo de la historia, podemos encontrar muchísimos casos de monedas que fracasaron, y ahora están en completo desuso. Solo porque otras monedas hayan fracasado, en su mayoría debido a la hiperinflación, no significa que esto sucederá con el Bitcoin. Pero es cierto que fallas técnicas pueden ocurrir en el proceso. Una regla general es que ninguna moneda está completamente a salvo de fallas. Aunque el Bitcoin ha demostrado su estabilidad desde el inicio, aún hay mucho espacio para que crezca en el mercado o falle. Nadie sabe qué le depara en el futuro al Bitcoin.

7. *¿Es el Bitcoin una burbuja?*

Solo porque el precio se dispare rápidamente no significa que haya una burbuja. Cuando una sobrevaloración artificial ocurre, será acompañada de una corrección inesperada donde habrá una baja, lo que podría constituir un fenómeno de burbuja. Habrá decisiones basadas en la acción de una persona, y a medida que más mineros tomen decisiones, más fluctuará el precio y ocasionará revuelo y participación en el mercado, tratando de descubrir alguna inversión provechosa. Siempre habrá razones para que estos cambios sucedan, que pueden ocasionar que los mineros pierdan confianza con respecto al Bitcoin.

Una de las más grandes disparidades ocurre entre el precio y el valor, el cual no estará basado en los fundamentos de la economía, sino en el aumento de la cobertura de la prensa (exposición), lo cual, por su parte, estimulará la demanda, ocasionando una sensación de incertidumbre y promoviendo la codicia.

8. *¿Es el Bitcoin un esquema Ponzi?*

Dado que un esquema Ponzi se trata de una operación basada en inversiones fraudulentas, los pagos deben dirigirse a los creadores de la estafa. Los esquemas Ponzi están hechos para colapsar cuando el último inversor abandona el sistema, o cuando ya no haya inversores nuevos.

El Bitcoin no tendrá una autoridad central, lo que significa que nadie estará en la posición de cometer actos fraudulentos sobre cómo las inversiones son devueltas. Al igual que cualquier otra moneda importante, nada puede asegurarte que obtendrás un poder de adquisición mientras la tasa de intercambio fluctúe libremente. Esta es la razón de la volatilidad de los poseedores de Bitcoins, y este factor hará que ganen dinero o lo pierdan a un ritmo impredecible.

9. *¿Y qué pasa con los primeros usuarios de Bitcoin?*

Aquellos considerados como los primeros usuarios ya tienen un número importante de monedas porque asumieron responsabilidades e invirtieron su tiempo y recursos en una tecnología que aún no se había probado y apenas tenía usuarios. No solo eso, sino que también era más difícil garantizar la seguridad del sistema en aquel entonces. Por lo que muchos de estos primeros consumidores tomaron sus monedas y gastaron una gran parte de ellas antes de que se volvieran valiosas, o simplemente compraron pequeñas cantidades y no percibieron muchas ganancias. No hay ninguna promesa de que el precio va a aumentar o disminuir. Esto es algo similar a cuando se hace una inversión inicial, donde se perciben ganancias o nunca se logra nada. Si bien el Bitcoin aún se considera en una etapa inicial, podrás notar que está diseñado para permanecer a largo plazo. Esto hace que sea difícil imaginar cuán menos parcializado fue el programa en aquel momento para los primeros usuarios y para los consumidores actuales, quienes podrían ser o no ser los nuevos primeros usuarios del mañana.

Conclusión

Muchas gracias por finalizar la lectura de *Bitcoin*. Espero que haya sido informativo y te haya dado suficientes herramientas y consejos para alcanzar tus objetivos, sin importar los que sean.

El siguiente paso es registrar tu cuenta en la blockchain y empezar a invertir con Bitcoin.

Con un poco de suerte, podrás conseguir una ganancia decente con la minería o la inversión en Bitcoin, y así no perder tu tiempo ni tu dinero. Pero no olvides que invertir y minar son tareas difíciles cuando se trata de Bitcoins. Por lo tanto, no te desanimes si no te haces rico con Bitcoin, porque los chances de lograrlo son muy bajos. Sin embargo, este método puede ser una excelente inversión financiera.

Para finalizar, si este libro fue útil para ti de alguna manera, ¡entonces te agradecería mucho que escribieras una reseña en Amazon!

¡Muchas gracias, y buena suerte!

Bitcoin

Para finalizar, si este libro fue útil para ti de alguna manera, ¡entonces te agradecería mucho que escribieras una reseña en Amazon!

Revisa Mis Otros Libros

A continuación encontrarás algunos de mis más populares libros en Amazon y también en Kindle. Simplemente haz clic en los siguientes enlaces para verlos. También puedes visitar mi página de autor en Amazon para ver otros trabajos de mi autoría.

CPSIA information can be obtained
at www.ICGtesting.com
Printed in the USA
BVHW051228151221
624022BV00014B/1737